Coleção dos SONHOS
PARA EDUCAÇÃO FINANCEIRA
EM QUADRINHOS

CB140493

NiCO E A CAiXA DE GiZ DE CERA

www.editoradsop.com.br

Presidente: PhD Reinaldo Domingos
Coordenadora editorial: Renata de Sá
Redatora: Brenda Carolina
Editora de texto: Sabrina Levensteinas
Editora de arte: Marisa Corazza
Revisora: Gabriela Andrade

www.senioreditora.com.br
Instagram: @senior.editora

Editor colaborador: Samuel Vieira
Blue Line Studio
Diretor de arte: João Costa
Colaboradores
Desenhos: Aparecido F. Norberto (Cidão)
Arte final HQ e capa: Omar Viñole
Arte final das atividades: Léo Munhoz
Cor HQ e capa: Thiago Ribeiro
Flats: Priscila Sansone
Letras: Fausto Costa

Rua Alba, 88 – CEP: 04346-000
Vl. Pq. Jabaquara – São Paulo – SP
Tel.: 11 3177-7800

Dados Internacionais de Catalogação na Publicação (CIP)
(Câmara Brasileira do Livro, SP, Brasil)

Domingos, Reinaldo
Nico e a caixa de giz de cera / Reinaldo Domingos ; [ilustração Blue Line Studio de Artes]. -- São Paulo : Editora DSOP, 2021.

ISBN 978-65-87565-50-7

1. Educação financeira 2. Finanças - Literatura infantojuvenil 3. Sonhos - Literatura infantojuvenil I. Blue Line Studio de Artes. II. Título.

21-67069 CDD-028.5

Índices para catálogo sistemático:

1. Educação financeira : Literatura infantil 028.5
2. Educação financeira : Literatura infantojuvenil 028.5

Maria Alice Ferreira - Bibliotecária - CRB-8/7964

NICO EM:

NICO E A CAIXA DE GIZ DE CERA

UAUUU! COMO É GRAAANDE AQUI!
É SIM, FILHO.
NICO PARECIA ASSUSTADO COM O 1º DIA DE AULA.
NÃO SE PREOCUPE, VAI DAR TUDO CERTO! SE PRECISAR, ESTOU AQUI NA ESCOLA TAMBÉM.
TÁ BOM.
NICO, SEJA BEM-VINDO! TURMA, RECEBAM O NOVO COLEGA DE SALA.
VOCÊ PODE SE SENTAR AO LADO DA ISABELA.
OI, NICO, EU SOU A ISA.
OI, ISA.

ISA... QUE CAIXA LEGAL.
AH, É. VOCÊ QUER VER?
QUERO SIM!
NOOOOOOSSA! É A MAIOR CAIXA DE GIZ DE CERA QUE JÁ VI EM TOOODA A MINHA VIDA!
SE QUISER, EU POSSO TE EMPRESTAR PARA VOCÊ PINTAR.
SÉRIO?

MAIS TARDE...
COMO FOI O PRIMEIRO DIA DE AULA, FILHO?
FOI MUITO LEGAL! EU FIZ UMA AMIGA, A ISA. PINTEI, DESENHEI E VI A MAIOR CAIXA DE GIZ DE CERA DO MUNDO!
QUE EXAGERO, NICO...
ELA É GIGANTE MESMO... É DO MEU TAMANHO.
DO SEU TAMANHO?
AH... QUER DIZER... UM POUCO MENOR, VAI...
AI, AI, NICO, SÓ VOCÊ MESMO.
PELO JEITO, VOCÊ GOSTOU MESMO DESSA CAIXA DE GIZ ENOOORME, NÃO É?

MUITOOOO! SE TORNOU O MEU MAIOR...
QUAL É A PALAVRA QUE FALA QUANDO A GENTE QUER MUITO ALGUMA COISA?
SONHO! CHAMAMOS DE SONHO. QUE É TUDO AQUILO QUE MAIS DESEJAMOS TER DO FUNDO DO NOSSO CORAÇÃO.
É ISSO! ENTÃO, MEU SONHO É TER UMA CAIXA DE GIZ DE CERA IGUAL À DA MINHA AMIGA ISA.
MUITO BOM, FILHO! MAS QUE TAL AGORA SONHAR DORMINDO? JÁ ESTÁ NA HORA DE VOCÊS DOIS DORMIREM.
N
FILHO, VOCÊ SABE QUE A GENTE PRECISA ECONOMIZAR PORQUE O BEBÊ ESTÁ CHEGANDO, NÉ?!
EU SEI, POR ISSO VOU PEDIR AJUDA AO VOVÔ PARA REALIZAR ESSE SONHO.
ÓTIMA IDEIA. DURMA BEM, FILHO.

NO FINAL DE SEMANA, NICO E SUA FAMÍLIA VÃO PARA O SÍTIO DO VÔ AMADEU.
O RECANTO SONHO MEU É O LUGAR PREFERIDO DO NICO.
RECANTO SONHO MEU
ELE AMA OS ANIMAIS...
MAS O QUE NICO MAIS AMA É SEU AVÔ E TUDO O QUE APRENDE COM ELE.

VÔ AMADEU, O SENHOR SABIA QUE EU VOU COMPRAR A MAIOR CAIXA DE GIZ DE CERA QUE EXISTE?
AH, É? E COMO VOCÊ VAI FAZER ISSO?
HUM... EU AINDA NÃO SEI.
BOM... EU TENHO UMA IDEIA.
MAS VOCÊ VAI TER QUE TER MUITA PACIÊNCIA.
CONTA LOGO, VOVÔ... QUERO SABER!
PACIÊNCIA, NICO... EU JÁ VOLTO.
PRONTINHO! AQUI ESTÁ UMA DAS COISAS QUE VAI TE AJUDAR A REALIZAR ESSE E OUTROS SONHOS.

ACHO QUE ESSE BRINQUEDO VEIO COM DEFEITO. ELE TÁ FURADO.
NADA DISSO, NICO. ELE NÃO É UM BRINQUEDO, MAS UM COFRINHO.
COFRINHO? E PARA QUE SERVE?
ELE SERVE PARA GUARDAR AS MOEDAS QUE O AJUDARÃO A REALIZAR SEU SONHO.
AS MESMAS MOEDAS QUE O SENHOR ME DÁ QUANDO EU VENHO AQUI?
EXATO.
AHHHH, EU SEI. EU GOSTO DAS MOEDAS, ELAS SÃO ENGRAÇADAS. TÊM TAMANHOS E CORES DIFERENTES.

SIM! E OS VALORES DELAS TAMBÉM SÃO.
ALGUMAS, VOCÊ PRECISA JUNTAR UM MONTE PARA COMPRAR O QUE DESEJA, POIS ELAS VALEM MENOS DINHEIRO. COM OUTRAS, VOCÊ PODE JUNTAR UM POUCO MENOS PARA CONSEGUIR COMPRAR O QUE QUER, POIS ELAS VALEM MUITO MAIS!
5 CENTAVOS
10 CENTAVOS
25 CENTAVOS
1 REAL
50 CENTAVOS
50 CENTAVOS

ENTENDI, VOVÔ...
O QUE FOI, NICO? VOCÊ ME PARECE UM POUCO TRISTE.
A MAMÃE DEU ALGUMAS MOEDAS PARA MIM E PARA A LELÊ OUTRO DIA, MAS A GENTE COMPROU UMA REVISTINHA BEM LEGAL DE SUPER-HERÓI.
NICO, NÃO TEM PROBLEMA. VOCÊ E SUA IRMÃ APROVEITARAM BASTANTE A REVISTA, NÃO É MESMO?
UHUMMM...
BASTA, AGORA, COMEÇAR DE NOVO.

VENHA COMIGO, NICO...
VOCÊ NÃO DEVE SE LEMBRAR, MAS QUANDO EU ME MUDEI PARA O SÍTIO EU SÓ TINHA A VAQUINHA SERAFINA E DUAS GALINHAS: A CLOTILDE E A MARGARIDA. E, VEJA, AGORA TENHO TODOS ESSES LINDOS ANIMAIS.
E COMO VOCÊ FEZ ISSO, VÔ?
UÉ, DA MESMA MANEIRA QUE VOCÊ ESTÁ FAZENDO COM A SUA CAIXA DE GIZ DE CERA... SONHANDO.

EU USO SEMPRE 4 PASSOS PARA REALIZAR MEUS SONHOS.
O PRIMEIRO PASSO É **DIAGNOSTICAR.**
UAAAAU! QUE PALAVRA MAIS COMPRIDA...
É SIM, MAS ELA É BEM FÁCIL DE ENTENDER, POIS SIGNIFICA OLHAR OS DETALHES, OBSERVAR COM O MÁXIMO DE ATENÇÃO.
E ISSO VOCÊ JÁ FEZ QUANDO PRESTOU ATENÇÃO NA CAIXA DE GIZ DE CERA DA SUA AMIGA.

ENTENDI, VÔ... E O QUE MAIS?
AHHHH, ESSE SEGUNDO PASSO VOCÊ VAI GOSTAR MUITO. É **SONHAR**!
ALGO QUE VOCÊ JÁ FAZ DE MONTÃO, NÃO É?
SIM! QUERO TER A MINHA CAIXA DE GIZ DE CERA!
ISSO MESMO! O QUE NOS LEVA AO TERCEIRO PASSO, QUE É **ORÇAR**!

SÃO AS ESTRATÉGIAS QUE VOCÊ VAI USAR PARA QUE O SONHO ACONTEÇA.
ES-TRA-TÉ-GIAS?
SIM, NICO, O QUE VOCÊ VAI FAZER PARA TORNAR O SEU SONHO REALIDADE.

HUMMM...
E O ÚLTIMO PASSO É **POUPAR**!
QUE SIGNIFICA PROTEGER AS MOEDAS QUE VOCÊ CONSEGUIR.

E A NOITE CAI...
OLÁ... TEM ALGUÉM AÍ?
EU FIQUEI PENSANDO NAS COISAS QUE VOCÊ CONTOU.
ACHO QUE EU TE DEI MUITO O QUE PENSAR, NÃO É?
...
NICOOOOO!

É QUE EU AINDA ESTOU TENTANDO ENTENDER COMO FAÇO ESSES PASSOS FUNCIONAREM.

ALGUNS VOCÊ JÁ FEZ... POR EXEMPLO, VOCÊ JÁ TEM UM SONHO.
E JÁ VIU QUE NÃO TEM NENHUM DINHEIRO PARA REALIZÁ-LO.

AGORA, VOCÊ PRECISA OBSERVAR ONDE OU COM O QUE VOCÊ TEM GASTADO SEU DINHEIRO E ACHAR UMA FORMA DE ECONOMIZAR.
AS REVISTINHAS...

VOLTANDO PARA CASA, NICO ESTAVA MUITO ANIMADO COM TUDO O QUE APRENDEU.
RECANTO SONHO MEU

ELE QUERIA CONTAR PARA A ISA QUE DESCOBRIU UMA FORMA DE REALIZAR SEU SONHO...

NO FINAL DE SEMANA...
ISA, VOCÊ NÃO VAI ACREDITAR!
O QUE FOI, NICO?
EU FINALMENTE VOU PODER REALIZAR MEU SONHO DE TER UMA CAIXA DE GIZ DE CERA IGUAL A SUA.
E COMO VAI CONSEGUIR, NICO?
VOU POUPAR MOEDAS E GUARDAR COM O DESENHO DO MEU SONHO DENTRO DO COFRINHO QUE EU GANHEI DO VÔ AMADEU.
UAU! E COMO FAZ ISSO?
DEMORA UM POUQUINHO, E EU PRECISO TER PACIÊNCIA...
HUM... ENTENDI. MAS LOGO VOCÊ CONSEGUE, NICO!
SIM, SIM!

PUXA, PRECISO FAZER ALGUMA COISA A RESPEITO DESSE SONHO DO NICO! VOU SER O PRIMEIRO A COLOCAR ALGUMAS MOEDAS NO COFRINHO!
NICO?
OI, PAI.

EU OUVI O PLANO QUE VOCÊ CONTOU PARA A ISA E QUERO SER A PRIMEIRA PESSOA A AJUDAR VOCÊ A REALIZAR SEU SONHO.
O QUE VOCÊ VAI FAZER COM AS MOEDAS QUE O SEU PAI DEU?
VOU GUARDAR PARA COMPRAR A MINHA CAIXA DE GIZ DE CERA.
NICO, VOCÊ PODE GUARDAR UMA E USAR A OUTRA PARA COMPRAR ALGO QUE QUEIRA AGORA.

MAS O VOVÔ DISSE QUE EU PRECISAVA TER PACIÊNCIA E GUARDAR MINHAS MOEDAS.
SIM, QUERIDO, MAS O QUE O SEU AVÔ QUIS DIZER É QUE VOCÊ PRECISA GUARDAR UMA PARTE, E NÃO TUDO.
NÃO TUDO???
CLARO QUE NÃO. ASSIM, VOCÊ POUPA PARA O SEU SONHO, MAS TAMBÉM PODE CONTINUAR FAZENDO OUTRAS COISAS.
ALIÁS, VOCÊ JÁ SABE QUANTO CUSTA A CAIXA DE GIZ DE CERA?

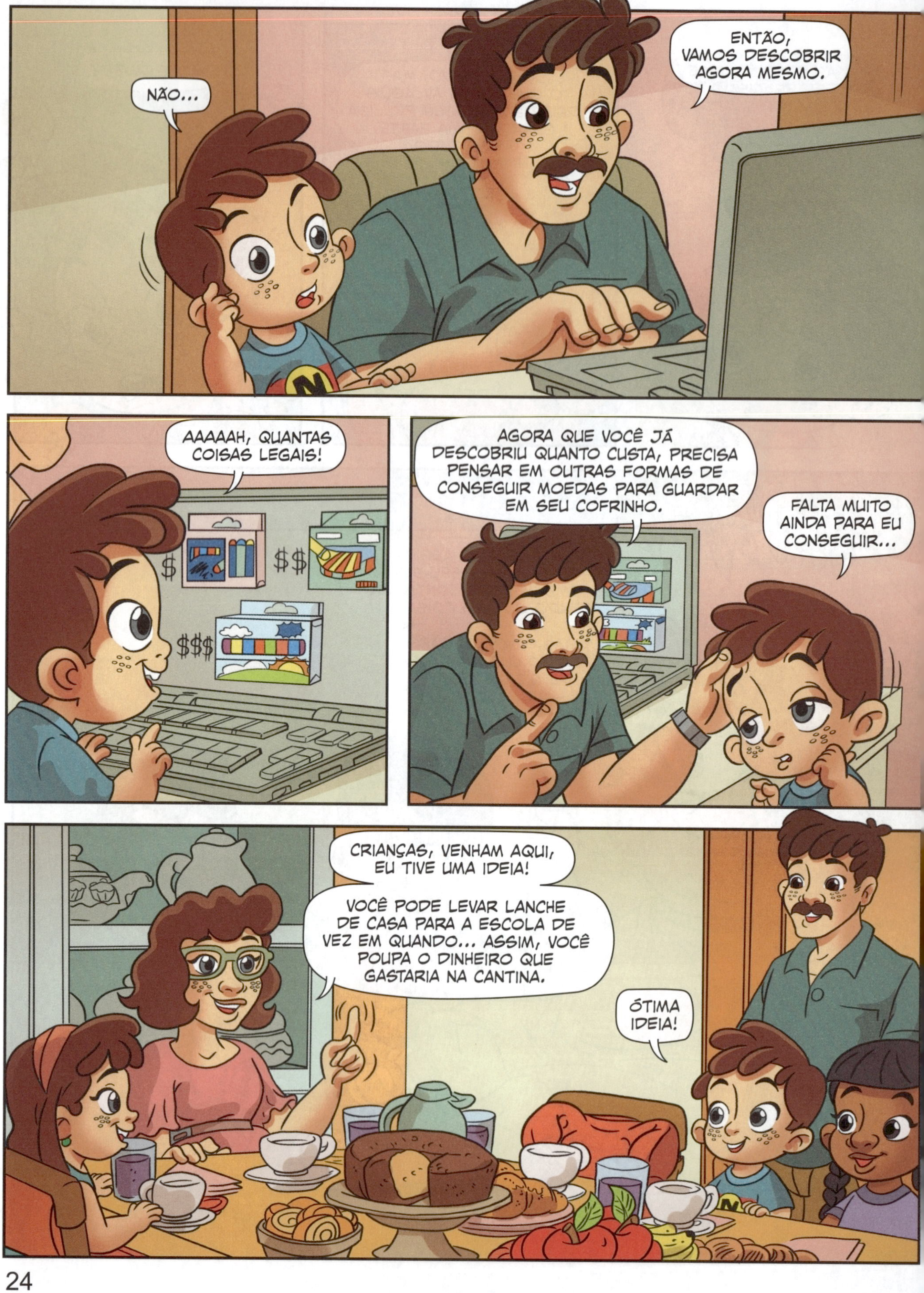
NÃO...
ENTÃO, VAMOS DESCOBRIR AGORA MESMO.
AAAAAH, QUANTAS COISAS LEGAIS!
$
$$
$$$
AGORA QUE VOCÊ JÁ DESCOBRIU QUANTO CUSTA, PRECISA PENSAR EM OUTRAS FORMAS DE CONSEGUIR MOEDAS PARA GUARDAR EM SEU COFRINHO.
FALTA MUITO AINDA PARA EU CONSEGUIR...
CRIANÇAS, VENHAM AQUI, EU TIVE UMA IDEIA!
VOCÊ PODE LEVAR LANCHE DE CASA PARA A ESCOLA DE VEZ EM QUANDO... ASSIM, VOCÊ POUPA O DINHEIRO QUE GASTARIA NA CANTINA.
ÓTIMA IDEIA!

LELÊ, VOU FICAR UM TEMPO SEM COMPRAR NOSSAS REVISTINHAS PRA GUARDAR O DINHEIRO PRO MEU SONHO!
É UMA E-S-T-R-A-T-É-G-I-A.
NOS PRÓXIMOS DIAS...
E NAS PRÓXIMAS NOITES...
E O TEMPO PASSOU...

CHEGOU A HORA DE ABRIR O SEU COFRINHO.
SIM!
GIZ
NICO, DEIXA EU TIRAR UMA FOTO PARA ENVIAR AO SEU AVÔ. ELE VAI FICAR TÃO ORGULHOSO.
ASSIM ESTÁ BOM?
PERFEITO!
NICO REALIZOU SEU PRIMEIRO SONHO. AGORA, ELE JÁ TEM OUTRO SONHO QUE QUER REALIZAR... MAS ISSO FICA PARA UMA OUTRA VEZ!
FIM.

ATIVIDADES

1. NICO E ISA SE TORNARAM GRANDES AMIGOS. COM O QUE ELES BRINCARAM? PINTE A IMAGEM CORRETA.

A

B

2. O QUE NICO COMPROU COM O DINHEIRO QUE MARIA, SUA MÃE, DEU PARA ELE E LELÊ? LIGUE E PINTE A IMAGEM.

3. NICO GANHOU UM COFRINHO DO VOVÔ AMADEU. AJUDE-O A COMPLETAR O COFRINHO, DESENHANDO MOEDAS DENTRO DELE.

4. QUAL É O SEU SONHO? FAÇA UM DESENHO DELE.

5. NICO CONSEGUIU REALIZAR SEU SONHO.
VOCÊ ACHA QUE ELE FICOU FELIZ?
DESENHE A BOCA DE NICO DEPOIS DE REALIZAR
O SONHO DELE.

Vitoria Nascimento

REINALDO DOMINGOS NASCEU EM CASA BRANCA, INTERIOR DE SÃO PAULO. FILHO DE PAI FERROVIÁRIO E DE MÃE AUTÔNOMA, AOS 12 ANOS DE IDADE REALIZOU O PRIMEIRO DOS SEUS MUITOS SONHOS: COMPRAR UMA BICICLETA. ATUALMENTE, É PHD EM EDUCAÇÃO FINANCEIRA E MENTOR DE UMA METODOLOGIA COMPORTAMENTAL, A **METODOLOGIA DSOP**, QUE APRENDEU QUANDO AINDA ERA APENAS UMA CRIANÇA. AUTOR DE DIVERSOS LIVROS PARA O PÚBLICO INFANTOJUVENIL, PUBLICOU AS SÉRIES *O MENINO E O DINHEIRO*; *O MENINO DO DINHEIRO*; E OS LIVROS *O MENINO DO DINHEIRO EM CORDEL* (PNLD 2018), *DIÁRIO DOS SONHOS*, *A MENINA DO RIO*, ENTRE OUTROS. EM PARCERIA COM MAURICIO DE SOUSA, LANÇOU AS OBRAS *COMO CÃES E GATOS*, *VISITA À FAZENDINHA*, *SEM SONHOS* E *O SUMIÇO DO CEBOLA*. AUTOR DE TRÊS COLEÇÕES DIDÁTICAS DE EDUCAÇÃO FINANCEIRA PARA O ENSINO BÁSICO DO PAÍS, ADOTADAS POR DIVERSAS ESCOLAS PÚBLICAS E PRIVADAS, É COAUTOR DA OBRA *JUVENTUDE PLURAL – PROJETO DE VIDA*, OBRA DE ENSINO MÉDIO APROVADA NO PNLD 2021.